SEELENGLÜCK

MEINER

DANKBARKEIT

Wundertütenpoet

VON

TINA HÜSCH

DIE MÖGLICHKEITEN
VON POESIE UND ANERKENNUNG

Bibliografische Information der Deutschen Nationalbibliothek: Die
Deutsche Nationalbibliothek verzeichnet diese Publikation in der
Deutschen Nationalbibliografie; detaillierte bibliografische Daten
sind im Internet über dnb.dnb.de abrufbar.

Foto: Katharina Nix

ISBN: 9783755755500

Herstellung und Verlag: BoD – Books on Demand, Norderstedt

ABOUT ME

In mir leben ganz viele Buchstaben und kitzeln jeden Morgen kleine
Wunder wach, die meinen Tag in den schillerndsten Farben anmalen.
Sonnenstrahlen wecken dann meinen Geist und lassen meine Seele
leuchten, dadurch wissen diese beiden, wie man fliegen kann.
Meine Kreativität ist ein Vagabund auf den Straßen dieser Erde und
mein Ego Pirat auf den sieben Weltmeeren der Phantasie.
So ist mein kleines „ICH" ein winziger Tourist, der überall zuhause ist.
In meiner Handtasche habe ich stets alles parat, was ich zum Überleben
brauche.
Nie werde ich mein Leben ändern, keine andere möchte ich sein, denn
mein Herz hat 100 Pläne für meiner Seele Daheim, dafür darf ich
dankbar sein.
Komm und folge mir auf dem Weg der Dankbarkeit und sei für schöne
Lebenswunder bereit.

TINA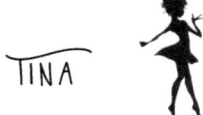

FÜR

MEINES WESENS

DANKBARKEIT ...

Für alle,

die nach der Zufriedenheit

der Dankbarkeit suchen und wissen,

dass das Leben mehr ist als nur Erfolgsstreben.

Für Dich,

da Du weißt,

dass die Glückseligkeit Deines Lebens

die Dankbarkeit ist.

INHALT

EINBLICK, EINSICHT, ERKENNTNIS ...

Damit uns auf unserem Erdenweg die Sonne scheint und das Glück einziehen kann, ist es unverzichtbar, eine innere Zufriedenheit sein Eigen nennen zu können.

Diese Zufriedenheit lebt in uns, und wie wir alle wissen, werden wir die Welt im Außen immer so vorfinden, wie wir sie uns selbst in unserem Inneren gestalten.

Sind wir also im Inneren zufrieden, so wird sich dies auf unser äußeres Leben übertragen und wir werden das anziehen, was wir auch ausstrahlen.

Doch wie funktioniert sie, diese Zufriedenheit und Ausgeglichenheit?

Wodurch hält sie Einzug in unser Leben?

Im Grunde ist es ganz einfach, all dies geschieht durch „Dankbarkeit".

Dankbarkeit für die vielen kleinen Wunder und Glücke, die uns in unserem Leben begegnen.

Wenn wir anfangen, diese als nicht selbstverständlich hinzunehmen, sondern uns bewusst machen, welche Fülle in unserem Leben vorherrscht, wird uns klar, dass nichts selbstverständlich ist und dass wir eigentlich viel dankbarer sein könnten für Dinge, die wir mit einer Selbstverständlichkeit hinnehmen wie den Wechsel zwischen Tag und Nacht.

Denn selbstverständlich ist so gut wie nichts im Leben, darüber sollten wir viel öfter nachdenken und uns mehr Zeit für die Reflexion der eigenen Seele nehmen.

Dadurch entsteht eine wundervoll warme Emotion, die sich einem als Gefühl der Dankbarkeit vorstellt. Sie löst in unserem Gehirn die Produktion von Glückshormonen aus. Diese Flut positiven Seins lässt in unser Leben automatisch mehr Zufriedenheit fließen, was dazu führt, dass sich unser Körper gesünder anfühlt.

Wie gut wäre es doch, wenn wir unsere Energie ausschließlich dafür nutzen würden, nach den schönen Dingen zu suchen, um dadurch auf der Welle des Glücksgefühls zu surfen.

Leider schauen viele von uns im Alltag jedoch auf alles Negative und ziehen sich selbst nach unten, indem sie diesen negativen Sog auch noch bei jeder sich ihnen bietenden Möglichkeit in den Vordergrund stellen und nur das Negative plakatieren.

Viel schöner und gesünder ist es jedoch, sich mit einfachen Ritualen täglich immer wieder neu vor Augen zu führen, für wie viele Dinge man doch dankbar sein kann. So gelingt uns durch diese einfache Dankbarkeitsübung eine Erschließung von immer neuen Kraftquellen, die uns zufrieden und geborgen machen.

Somit ist Dankbarkeit so etwas wie ein echtes Powergefühl, mit dem wir uns zu jeder Zeit und an jedem Ort ganz ohne Nebenwirkungen boostern können. Es entsteht durch unsere Gedanken im Kopf und zieht aus durch die Wärme unseres Herzens.

Gleichgültig, in welcher Stimmung wir uns befinden, wenn wir uns nur mit der Liebe unseres Seins auf die vielen Dinge, für die es sich zu danken lohnt, konzentrieren, werden wir unsere Laune spontan aufhellen.

Ein Gefühl von echter Dankbarkeit wirkt wie eine Liebeserklärung an das Leben.

Aus diesem Grunde ist es ein wundervolles Ritual, jeden Morgen beim Aufstehen über die drei folgenden Punkte nachzudenken:

- Wofür bin ich dem gestrigen Tag dankbar?
- Wofür werde ich dem heutigen Tag dankbar sein?
- Wofür möchte ich in Zukunft dankbar sein dürfen?

Dadurch, dass wir anfangen zu suchen, wo Dankbarkeit überall sein kann, wird sie uns begegnen, wir erkennen sie besser und ziehen sie automatisch an.

So erfüllen wir uns mit einem Gefühl der Fülle und der positiven Erwartung, und diese Emotionen werden das Tor für das zukünftige Glück unseres Lebens öffnen.

Dankbarkeit wird dadurch zu unserer ureigenen Charakterstärke, die uns strahlen lässt. Wir wirken positiver und freudiger auf unsere Mitmenschen, und diese fühlen sich wiederum mehr von uns angezogen.

Dankbarkeit wird zu unserer eigenen geheimen Ressource und hilft uns resilienter und positiver durchs Leben zu gehen, gerade wenn auch einmal schwerere Zeiten kommen.

Wenn wir die Wertschätzung der Dankbarkeit gelernt haben und diese zu nutzen wissen, werden wir im Stande sein, uns selbst auch in schwierigen Situationen Halt zu geben.

Natürlich ist es unmöglich, in jeder Lebenssituation Dankbarkeit empfinden zu können, es ist ab und zu auch wichtig, negative Gefühle sein Eigen zu nennen, denn nur so erhalten wir auch den Wunsch nach schönen Emotionen aufrecht, denn jegliche Gefühle leben vom Kontrast.

Denn nur wer weiß, wie sich tiefe Traurigkeit anfühlt, kann auch ein starkes Glücksempfinden entwickeln und dafür dankbar sein.

Somit geht es im Leben darum, die Haltung der Dankbarkeit zu üben. sie in das eigene Sein zu integrieren und zu einem Automatismus werden zu lassen.

So werden wir uns mehr und mehr gestärkt und dankbar fühlen für das, was ist, durch die Erkenntnis, dass das Leben uns nichts schuldet und wir der eigentliche Designer unseres Lebens sind.

Die Dankbarkeit ist der wesentliche Schlüssel für ein erfülltes und zufriedenes Leben, in das das Glück Einzug halten kann.

Wenn man anfängt, mehr „Danke" zu sagen, wird man merken, dass diese fünf kleinen Buchstaben eine Zauberwirkung haben.

Sie zaubern dem Gegenüber ein Lächeln ins Gesicht und geben ihm ein positives Gefühl, das augenblicklich wieder auf einen selbst zurückstrahlt.

Die Konzentration auf das Positive im Leben lässt dieses wachsen und bereichert es.

Dankbarkeit hat viel mit Anerkennung zu tun, denn nur derjenige, der die schönen Seiten des Lebens anerkennt, kann diese genießen und lässt dadurch die innere Zufriedenheit bei sich einziehen, die ein Glücksgefühl entfacht. Lass die **Anerkennung** in Dein Leben rein, dann wirst auch Du zufrieden sein.

A – ufmerksam
N – euheiten
E – infühlend
R – espektvoll
K – onsequenz
E – rfüllt
N – atürlichkeit
N – achdenklich
U – neigennützig
N – achhaltigkeit
G – eschenk

Wenn man im Leben **aufmerksam** die **Neuheiten** betrachtet, diese **einfühlend** und **respektvoll** behandelt, wird dies zur Lebens-**Konsequenz**. Dadurch wird man **erfüllt** von **Natürlichkeit**, die einen **nachdenklich** und **uneigennützig** werden lässt, damit man mit **Nachhaltigkeit** das **Geschenk** „Leben" genießen kann, denn darin liegt alle „DANKBARKEIT" versteckt!

Lass den Vorhang der Selbstverständlichkeiten fallen und erkenne alle wundervollen Menschen, Tiere und Dinge, die Dein Leben bereichern, so bleibt Deine Seele jung und freudig.

KLEINKINDERGLÜCK

Kleinkinderglücklich ist mein Sinn,
weil ich in ihm zuhause bin.
Glücksnärrisch und kuchenkrümelsüß,
bin ich vom Leben nie betrübt.
Möchte vor Dank für mein Sein überlaufen,
hab vom Glück 'nen großen Haufen,
durch das Geschenk der Dankbarkeit
bin ich für das Schöne im Leben bereit.
Will meinem Dasein „Danke" sagen,
mich erfreun an seinem Sein,
dann kommt auch kein Unglück rein.
Die Dankbarkeit stets in mir wohnt,
damit sich freudig mein Leben lohnt.
Da sag ich glückstrahlend „Dankeschön"
und lache in des Lebens Höhn,
so mach ich mir das Leben schön.

Sich durch Anerkennung mit Dankbarkeit am Leben erfreuen zu können, lässt die innere Zufriedenheit wachsen und das Glücksgefühl einziehen.

KOMM UND SEI DANKBAR VON HEUTE AN,
DANN KOMMST DU BEIM GLÜCK AUCH DIREKT DRAN
UND IRGENDWANN WIRD JETZT, SO FÜHLST DU DICH NICHT
MEHR GEHETZT.
DIE FREUDE ZIEHT DANN BEI DIR EIN, SO WIRD DEINE SEELE
IMMER GLÜCKLICH UND ZUFRIEDEN SEIN.

ERSTER STREICH ...

Ich freue mich so, die **Möglichkeiten der Träume Ohne Wolken** genießen zu können.

Der **Glaube an die eigene Seele** hat das **Ich** meiner **Wunderwunschfee** geweckt, um **Glücklich strahlend leben** zu können.

Die Welt und ich sind voll von **Dankbarkeit** im **Strom des Lebens**.

Der **Lebenssegen** wird der Hauptgewinn sein, den **Das Spiel** uns bringt.

ICH FREU MICH

Ich freu mich über die Sonne und das Meer,
über die Sterne und den Mond
und den Mann, der darin wohnt.
So schweb ich auf meiner Umlaufbahn,
alles fängt jeden Tag von Neuem an.
Mit Kinderaugen schau ich mich um,
die Wunder sind endlich nicht mehr stumm.
Kann sie wieder reden hören,
weiß, dass sie mir gehören.
Erkenn jetzt den Moment
und weiß, was in mir brennt.

MÖGLICHKEITEN
DER TRÄUME

Ich bin dankbar,
dass es so gekommen ist
und mein Selbst sich nicht vergisst.
Denn nun kann ich meine Möglichkeiten sehn,
meine Träume verstehen
und meine Wege gehn.
Hab so zu mir selbst gefunden,
fühl mich mit mir selbst verbunden,
kann jetzt mein Leben leben
und durch meine Träume schweben.

OHNE WOLKEN

Ich bin dankbar für jeden Tag,
dankbar, weil ich es genau so mag.
Dankbar für jeden neuen Morgen,
dankbar ohne jede Sorgen.
So lebe ich in meinen Tag,
indem ich nicht nach morgen frag.
Ich lebe im Hier und liebe das Jetzt,
so schlägt mein Herz die Pauken
und kann wieder vertrauen,
ohne dass sich dunkle Wolken zusammenbrauen.

GLAUBE AN DIE EIGENE SEELE

Am Abend eines langen Tages,
leer, verdreckt und hundemüde,
ein großes Ziel geschafft
und allen Mut zusammengerafft.
In sich drinnen das Pflänzchen, das sich Stolz nennt
und laut Yippie schreiend durchs Herz rennt,
so bin ich glücklich, hier zu sein,
und genieße mein Daheim.
Denn ich hatte an mich selbst geglaubt
und so jedem Scheitern die Hoffnung geraubt.

ICH

Ich hab mir so viel zu sagen,
hab mich noch so viel zu fragen.
Hab schon lang nichts mehr von mir gehört,
hab mich lang nicht mehr gesehen,
doch endlich kann ich mich verstehen.
Werd nie wieder von meiner Seite gehen,
hab nur länger gebraucht es einzusehen,
dass ich der wichtigste Mensch in meinem Leben bin,
und ihn von mir selbst bekomm,
den Sinn!

WUNDERWUNSCHFEE

Ich bin meine eigne Wunderwunschfee
mit Dankbarkeitsglitzer
und jeder Menge bunter Spritzer.
Mein eigener kleiner Seelenpirat auf ständig neuer Fahrt
auf den Lebensmeeren meines Seins,
wo die Meerjungfrau in mir wohnt
und mich fürs Lachen mit Seesternen belohnt,
die direkt vom Himmel fallen
und mit hellen Schnuppen knallen.
So grinst die kleine Fee in mir
und denkt:
Genau dafür bin ich hier!

GLÜCKLICH STRAHLEND LEBEN

Ich seh von hier unten die Sterne
und hör ihre Geschichten gern in der Ferne.
Anstatt nur daneben
bin ich mitten drin
und erkenne meinen Sinn.
Fühle mich beschützt,
denn da draußen wohnt das Glück,
das ich mir jetzt pflück.
Der Teufel hat aufgehört, Kreise um mich zu ziehen,
so muss ich vor ihm nicht mehr fliehen,
kann jetzt meine Zeit genießen
in der Welten Möglichkeiten zerfließen.
Denn ich bin dran,
nicht erst irgendwann,
finde meinen eigenen Weg,
auf dem es weitergeht,
so werde ich über den Wolken schweben
und glücklich strahlend leben.

30

Die Welt und ich

Ich bin so froh, hier zu sein,
bin ich auch eigentlich ganz klein,
so bin ich in meiner Welt
doch mein eigener Held.
Bin dankbar für das, was war,
und das, was ist,
weil mich die Welt nicht mehr vergisst.
Alles läuft zu meinem Besten,
ganz ohne zu testen.
So ist irgendwo jemand für mich da,
ohne dass ich ihn jemals sah,
werden meine Träume wahr.

DANKBARKEIT

Dankbar für das, was war,
dankbar für das, was ist,
dass meine Seele nichts vergisst.
Dankbar, dass ich danken kann
jederzeit von Anfang an.

STROM DES LEBENS

Das Leben ist ein Strom und ich bin mittendrin,
so entsteht des Lebens Sinn.
Komm, wir lassen uns ein wenig treiben,
um miteinander zu verweilen,
so können wir unsere Monster teilen
und schreiben einander an paar Zeilen
über die Wellen, wo unser beider Sehnsucht wohnt,
und fragen uns, ob sich miteinander zu leben lohnt.

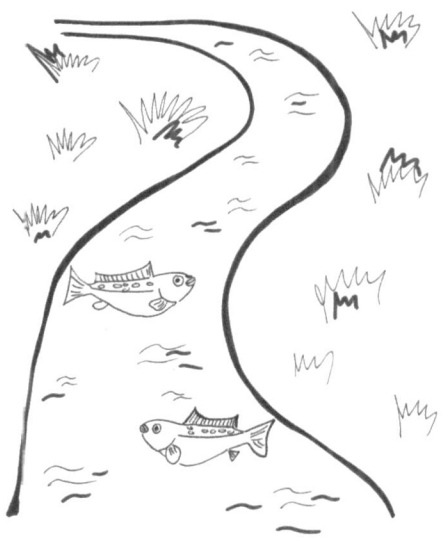

LEBENSSEGEN

Sei dankbar für das, was ist,
dann kommt das Wunder in die Zukunft rein
und wird immer bei dir sein.
Erfreue dich an dem, was dir begegnet,
dann ist dein Leben von allein gesegnet.

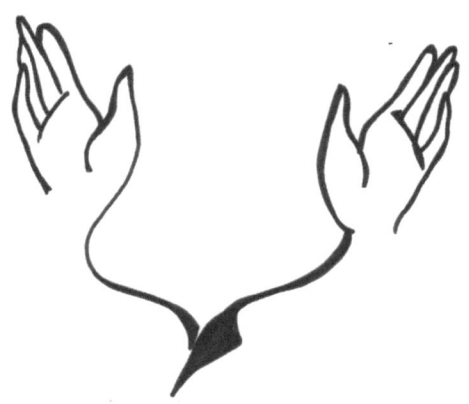

DAS SPIEL

Lange hab ich das Spiel nicht verstanden,
bin nur geradeaus gegangen,
hab geweint, geflucht, gelitten,
stumm den falschen Weg beschritten,
doch irgendwann hab ich im Spiegel meine Augen gesehen.
und lernte zu verstehen:
„Der eigene Geist ist das Problem!"
Man muss einfach mehr nach dem Schönen sehen,
die kleinen Glücke lassen sprießen,
sich im Feld der Möglichkeiten der Dankbarkeit anschließen,
denn so gibt es im Leben immer was zu genießen.

ERKENNTNISSE DES ERSTEN STREICHS ...

WEISST Du, dass die Möglichkeiten Deiner Träume keine Schäume sind,
wenn Du dem Strom des Lebens mit Dankbarkeit begegnest?
Schreib hier alle Dinge nieder, für die Du in Deinem Leben DANKBAR bist,
damit Du ihren Stellenwert nicht vergisst.

. . . .
. . . .
. . . .
. . . .
. . . .
. . . .
. . . .
. . . .
. . . .
. . . .
. . . .
. . . .
. . . .
. . . .
. . . .
. . . .
. . . .
. . . .
. . . .
. . . .
. . . .
. . . .
. . . .

ZWEITER STREICH ...

Hat man einmal verstanden, welch große und wichtige Rolle die DANKBARKEIT im Leben spielt, wird man ihr jeden Morgen und jeden Abend ein paar Minuten widmen, damit sie ihren Stellenwert erhält.

KOMM UND FANG AN, DIE DANKBARKEIT ZU SPÜREN, DAMIT DIE LEBENSSONNE DEINE SEELE KANN BERÜHREN.

Lasst uns heute ... das **Chaos mit Aussicht** auskosten und **Die Kunst, nichts zu vermissen**, erfahren, so kann die **Magie der Dunkelheit** uns nichts anhaben.
Unser **Wesensverständnis** besitzt **Zu viel Dinge**, dabei möchte es doch viel lieber **Gedankendrachen** im **Wiesengrün** jagen, wenn der Himmel voller **Sternschnuppen** hängt. Denn dann ist **Alles aus Samt** und **Der Kopf und die Wand** haben die **Erkenntnis der Bedrängnis** erkannt.

LASST UNS HEUTE ...

Lasst uns heute in Pfützen springen
und viele schmutzige Lieder singen.
Lasst uns heute was mit Lagerfeuer suchen
und das Wohnzimmer verfluchen.
Lasst uns heute Tretboot fahren,
das wissen wir noch in ein paar Jahren.
Lasst uns heute auf Bäume klettern
und sitzen unter Blättern.
Lasst uns heute eine Runde schaukeln
und keinen Unsinn mehr bedauern.
Lasst uns heute Purzelbäume schlagen
und endlich an was Neues wagen.
So wird unser Leben sein
ab heute und für immer der pure Sonnenschein.

CHAOS MIT AUSSICHT

Ich schau von oben auf mein Chaos
und genieße die Aussicht,
so kann ich meine Ideen erkennen,
meine eignen Wunder benennen,
mich nicht mehr in die falsche Richtung verrennen,
sondern für die Träume meiner Seele brennen.
Bin der Manager meiner Seele,
will alles tun, damit ich mein Ziel nicht verfehle.
Denn auf einen Manager ist Verlass,
mit ihm an der Seite ich nichts verpass.
Doch eigentlich bin es nur ich,
die da wieder mit mir spricht!

DIE KUNST,
NICHTS ZU VERMISSEN

Wenn man nichts vermisst,
dann ist alles gut.
Still schweigt die Glut,
denn nur wenn die Wünsche stille stehn,
kann das Glück einziehn,
von innen das Herz entfachen
und einen fröhlich machen.
So kommt das Leuchten in die Augen,
und wir verstehen, dass wir nichts andres brauchen.
Wenn man erst weiß, wie leicht man lebt,
wenn man nicht nur nach Größerem strebt!

MAGIE DER DUNKELHEIT

Wenn mir nachts die Sterne leuchten
und der Mond mich freundlich grüßt,
wird mein Leben leicht versüßt.
Überall ist Feenglitzer und Magie der Dunkelheit,
die die Kratzer meiner Seele heilt.

WESENSVERSTÄNDNIS

Ich bin gespannt, auf das, was kommt,
wenn ich in mein Morgen vertrau
und mir meine Luftschlösser aufbau.
Mit offenem Blick durch die Welt geh
und die kleinen Zwischenfälle versteh.
Mich einfach treiben lass,
auf dass ich keinen Schicksalstermin verpass.
So bin ich neugierig auf alles Neue in meinem Tag,
weil es mich nach der Erfüllung meiner Träume fragt.
Ach, was liebe ich meine Erkenntnis,
denn sie hat für mein Wesen Verständnis.

ZU VIEL DINGE

Man besitzt so viele Dinge,
doch wirklich brauchen tut man sie nicht.
Gesammelt werden sie,
weil man sich davon Freude verspricht,
doch erkenne, was du wirklich brauchst,
damit du deiner Seele vertraust.
Komm und misste mal dein Leben aus,
lass die alten Dinge raus,
gib ihnen die Freiheit wieder,
höre ihre alten Lieder,
schwelge kurz in Nostalgie,
so vergisst du sie auch nie.

GEDANKENDRACHEN

Heute lass ich Gedankendrachen steigen,
sie sollen der Welt die Freude zeigen
und sich vor ihren Wundern verneigen.
Heute jage ich Pessimisten mit List,
bis mir der erste aus der Hand frisst.
Dann bringe ich ihn zum Lachen,
lass ihn verrückte Sachen machen,
so wird er zum Optimist,
der die Freude nicht mehr vergisst.
So geht es dann reihum,
bis keiner ist mehr pessimistisch stumm.
Ich erschaffe aus jedem einen Optimisten,
lasse es die Trübsal wissen,
dann kann sie sich ganz schnell verpissen.
So fliegen meine Gedankendrachen
mit meinen Wunderwünschen fort
und haben für jeden ein Lachen mit an Bord.

WIESENGRÜN

Einfach auf der Wiese liegen,
den Blick ins blaue Firmament,
wo jeder den Namen meiner Seele kennt.
Spüren, wie die Glücke purzeln
von den Sonnenstrahlen auf die Haut,
fühl mich ganz mit mir vertraut.
Das Gras zwischen den Zehen spüren,
den Moment mit Glück zu küren,
so möchte ich mein Leben führen
und ständig neue Wunder schüren.

STERNSCHNUPPEN

Sich über die kleinen Glücke freuen,
die Umwege nie bereuen.
Zu wissen, der Weg ist das Ziel,
so wird mir nichts zu viel.
Bin neugierig auf alles, was kommt,
kann in jedem Tag ein Wunder sehen,
meine eigne Welt verstehen.
Das Schicksal beim Namen nennen,
mich in Abenteuern verrennen.
In mir selbst nach Sternschnuppen suchen
und die Einfallslosigkeit verfluchen.
So purzle ich durch mein Sein
und fühl mich immer in mir daheim!

ALLES AUS SAMT

In mir ist alles aus Samt
und fühlt sich ganz weich an,
soweit mein Gefühl reicht.
Die Freude lacht in meinem Sinn,
die strahlenden Kräfte sind mein Gewinn.
So kann ich das Leben lebend erleben,
Sehnsüchte teilend verweben
und der Sonne entgegensegeln.

DER KOPF UND DIE WAND

Dieser Kopf muss durch die Wand,
glaubt er dahinter an ein Land,
in dem alles anders ist
und ein bisschen Milch mit Honig fließt.
Ob das Herz will oder nicht,
es muss folgen seinem Kopf,
es gibt da keinen Knopf,
an dem man den Willen ausschalten kann,
und so muss die Dickköpfigkeit ran.
Sie zieht alle in ihren Bann,
nur das Herz will ein bisschen dankbar sein,
weiß es doch,
nur so kommt das Glück herein.

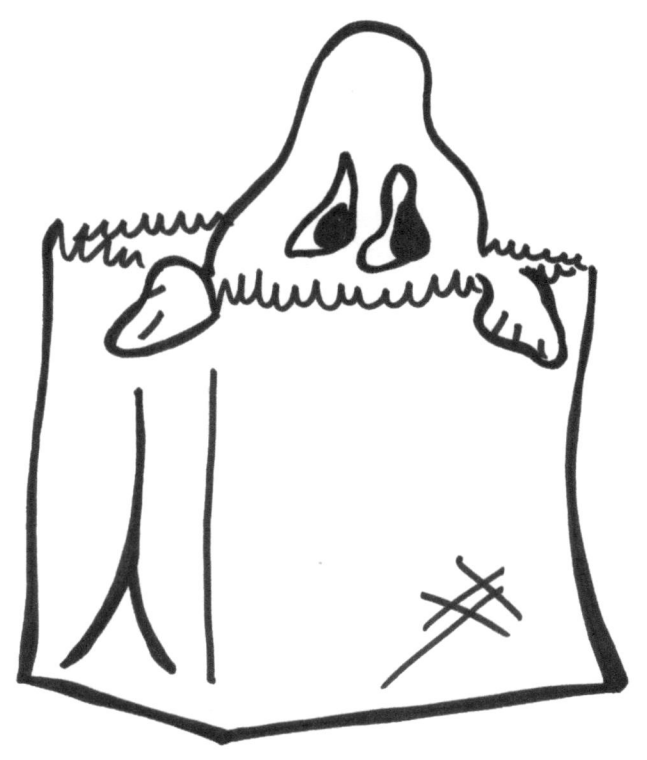

ERKENNTNIS DER BEDRÄNGNIS

Die Erkenntnis kommt erst nach der Bedrängnis,
doch hoffentlich noch früh genug
für 'ne andere Richtung in einem neuen Zug.
Alles andere wäre schließlich Betrug,
und davon gab es schon genug.
So liebe ich meine Selbsterkenntnis,
kommt sie doch ganz ohne Bedrängnis,
endlich bin ich aus dem Gefängnis
und habe für mich selbst Verständnis,
neue Wege zu erkennen,
mich nie mehr in Selbstmitleid zu verrennen
und offene Wege zu benennen.

ERKENNTNISSE DES ZWEITEN STREICHS ...

EGAL wie groß das Chaos in Deinem Leben auch ist, behalte immer eine klare Vorstellung von Deinen Wünschen und Lebenszielen und verbinde diese mit dem Gefühl der Dankbarkeit.

Nimm Dir ein wenig Zeit und sei jetzt für dieses Gefühl bereit, schreib es nieder, dann kommt es immer wieder!

56

DRITTER STREICH ...

Wenn wir erkennen, dass das Lebensgefühl der Dankbarkeit gar nicht viele Dinge braucht und oft in den kleinen Begebenheiten des Lebens zu finden ist, werden die Wunder nicht aufhören.

LASST UNS NACH DEN KLEINEN GLÜCKEN SUCHEN UND DIE GIER DER ZEIT VERFLUCHEN.

Meine **Wünsche und Wunder der Zeit** haben das
Versteck der Traurigkeit gefunden. **Auf dem Weg** dorthin war
Einfach nur Dankbarkeit Der tiefe Sinn.
Beim **Seelenballett** habe ich **Kleine Fehler** vergessen, mein
Bauchgefühl gefunden und den **Jackpot** geknackt. Nun bin ich
Mit Dankbarkeit zurück und weiß, dass **Weiter, höher, reicher ...**
nicht besser bedeutet.

WÜNSCHE UND WUNDER DER ZEIT

Zufrieden sein
mit sich allein
und das Herz ganz rein,
weil alle Wünsche stille stehen
und die Wunder nicht vergehen.
So bin ich mitten in meiner Zeit
für unendlich große Dankbarkeit bereit.

59

VERSTECK DER TRAURIGKEIT

Auch wenn ich mal traurig bin,
so hat doch alles einen Sinn.
Durch meine Tränen werd ich aufgeweckt,
denn da hatte sich was Trauriges versteckt.
Durch meine Tränen kann es raus,
früh genug noch vor dem Aus,
so bin ich froh, wenn ich's entdeck,
und hol's aus dem Versteck.
Denn in mir drin wär es wie Dreck,
an dem ich irgendwann verreck.
So bin ich froh für meine Tränen,
ihretwegen muss ich mich nie schämen.

AUF DEM WEG

Wirklich ankommen kann man nicht,
auch wenn das Licht des Tages bricht.
Wichtig ist es, bei sich zu sein,
in sich drin daheim.
So ist man stetig auf dem Weg,
alles Böse langsam vergeht,
und man kann hören,
was die Seele spricht,
auf dass man die eignen Wünsche nicht vergisst.

EINFACH NUR DANKBARKEIT

So viel Dankbarkeit war noch nie da,
sie ist einfach wunderbar
und meiner Seele so nah.
Ich fühl mich endlich frei,
bin ich doch mittendrin
statt nur dabei!

DER TIEFE SINN

Jeder hat 'nen tiefen Sinn
so mitten im Herzen drin,
wenn wir aufhören, über Kleinigkeiten zu fluchen,
müssen wir gar nicht nach ihm suchen.
Ganz von selbst wird er dann zu uns kommen,
die Gedanken sind nicht mehr verschwommen.
Wir können unser Leben klarer sehen
und uns besser selbst verstehen,
so wird es in die schöne Richtung gehen.

SEELENBALLETT

Wenn die Anspruchslosigkeit und die Bedürfnislosigkeit 'ne Party feiern,
kommt auch die Verbundenheit vorbei
und hat Spaß für zwei.
Die Genügsamkeit legt 'nen flotten Tanz aufs Parkett
und singt mit der Erkenntlichkeit im Duett.
Dann will keiner mehr ins Bett
und die Dankbarkeit lächelt nett,
wird in meiner Seele fett
und tanzt ab jetzt dort ihr Ballett!

KLEINE FEHLER

Ich liebe kleine Fehler,
da sie mir gelingen
und mich stetig weiterbringen.
Mir neue Chancen zeigen
und die Angst in mir vertreiben.
Würd es sie nicht geben,
wär ich nie so weit gekommen,
meine Wege wären verschwommen,
ich hätte nie das Ziel erklommen.
Kleine Fehler, ich liebe euch,
denn nur mit euch bin ich komplett perfekt.
Ich bin so froh,
hab ich's gecheckt!

BAUCHGEFÜHL

Mir geht es gut,
hab wieder so viel Mut,
vertraue auf mein Bauchgefühl,
endlich ist mir nichts zu viel.
Die Welt meint es so gut mit mir,
bin ich mir doch meine eigne Zier.
Ich liebe dieses unendliche Glücklichsein,
bin so tief in mir daheim.
Es ist kein Ende in Sicht,
nur überall Licht,
was durch Freude mit mir spricht!

JACKPOT

Der Jackpot gehört mir,
hab mir selbst den Hauptgewinn gehext
und alles auf ein Los gesetzt.
Hab mit so viel Spaß gewonnen
und alle Glücke mitgenommen.
Kein einziges ist mir zerronnen,
hab ich doch alles so wundervoll hinbekommen.

MIT DANKBARKEIT

ZURÜCK

Jeden Abend blicke ich mit Dankbarkeit zurück
und bin vom Spiel des Lebens verzückt.
Alles ist anders, als man denkt,
bis man den Spielplan erkennt.
Mit der Gebrauchsanweisung des Lebens in der Hand
ist man auf jeden neuen Tag gespannt.
Alles wird sich so zum Besten fügen
und man kann das Leben genießen in vollen Zügen,
mit seines Daseins Endlichkeit
bin ich ab jetzt zu jeder Zeit
für ein neues Spiel bereit.

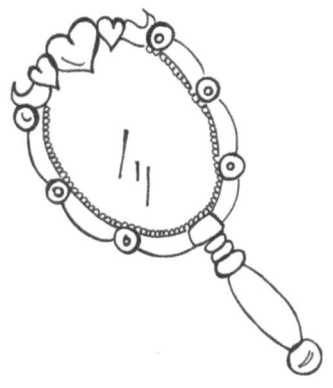

WEITER, HÖHER, REICHER ...

Alle wollen schneller, weiter, höher, reicher,
doch ich will alles nur viel weicher,
will das Leuchten in den Augen
in meine Seele aufsaugen.
Will das Glück im Kleinen erkennen
und mich nicht an der Traurigkeit der anderen verbrennen.
So halte ich meine Welt an
und schaue kurz hinaus,
bevor ich mit Dankbarkeit von dannen braus.

ERKENNTNISSE DES DRITTEN STREICHS ...

NUN hat Dein Bauchgefühl die Emotion der Dankbarkeit gefunden, und die Traurigkeit kann aus ihren Verstecken ausziehen.
Nimm Dir Zeit, Dein Bauchgefühl zu beschreiben, dann kann es für immer in Dir verweilen!

. . . .

. . . .

. . . .

. . . .

. . . .

. . . .

. . . .

. . . .

. . . .

. . . .

. . . .

. . . .

. . . .

. . . .

. . . .

. . . .

. . . .

. . . .

. . . .

. . . .

. . . .

. . . .

. . . .

. . . .

. . . .

. . . .

. . . .

. . . .

. . . .

. . . .

. . . .

. . . .

. . . .

. . . .

. . . .

. . . .

. . . .

71

72

VIERTER STREICH ...

Jetzt kannst Du sie schon sehen, die kleine Dankbarkeit des Sekundenglücks, die Dich allgegenwärtig umgibt. Fang an und nutze sie für Dein Leben.

GENIESSE JEDEN AUGENBLICK, DENN ER KOMMT NICHT MEHR ZURÜCK, DOCH VON HIER KOMMEN NEUE GEDICHTE VON MIR ZU DIR.

Unterwegs in meinem **Lebenszug** ist das **Lebensglück In meinem Märchen** eingekehrt.
Ich mache mir die Welt **... wie sie mir gefällt**. Meine **Träume sind bereit**, ein **Feuerwerk** zu entfachen und die **Neue Chance** der **Wunder dieser Welt** zu erkennen. Denn wenn **Nichts mehr treibt**, wird der **Segen Überfließende Wunder** entstehen lassen.

LEBENSZUG

Ich bin dankbar für dieses Spiel,
der Weg ist das Ziel.
Sitze in meinem Lebenszug und hab nie genug.
Kann durchs Fenster die Freuden rennen sehen
und das Lachen am Horizont verstehen.
Genauso soll meine Reise sein,
denn nur dann kommt auch kein Unglück rein.

75

LEBENSGLÜCK

Ich hab so viel Glück,
davon wird man fast verrückt.
Ich bin so unendlich verzückt,
hab mir die schönsten Ideen gepflückt,
im Leben schon so viel Dussel gehabt
und meinen Schutzengel die unmöglichsten Fragen gefragt.
So hab ich „Ja" zu meinen Träumen gesagt
und keine Freude je vertagt.

IN MEINEM MÄRCHEN

Kann die Regentropfen tanzen sehen,
lern meine eigene Welt verstehen.
So kann ich nach dem Regenbogen suchen
und die Normalität verfluchen.
Kann dem Regen beim Bogenmachen helfen
und mich zum Tee treffen mit Elfen.
Da bin ich so mitten in meinem Märchen drin
und gebe mir selbst den schönsten Sinn!

... WIE SIE MIR GEFÄLLT

Ich mache mir die Welt,
wie sie mir gefällt,
und mein Leben mach ich BUNT,
dann wird alles so schön RUND!
So erhellt mein Sein die Welt,
dafür braucht's kein bisschen Geld.
Wenn ich alles mit meinen Augen seh,
ich die Welt besser versteh,
in allem auch etwas Schönes erkenn
und es für den Rest benenn.
So wird überall mehr Fröhlichkeit sein,
denn diese muss in unser aller Leben REIN!

MEINE TRÄUME
SIND BEREIT

So wie es jetzt ist, ist es gut,
in mir lebt neuer frischer Mut,
der mir so wohltut.
Fang an, mehr auf meine Seele zu achten,
noch ist es früh genug,
ich höre meine Wünsche lachen,
auch wenn's meine Geister bis jetzt nur dachten.
Von nun an kommt meine Zeit,
endlich ist es so weit,
meine Träume sind bereit.
So kann ich die Seiten meines Lebens füllen,
nicht länger mein wahres ICH verhüllen
und lebe von nun an nur noch in Idyllen.

FEUERWERK

Ich möchte ein Feuerwerk sein,
möchte funkeln, krachen, glitzern, knallen
und von innen nach außen wallen.
Alle Traurigkeit würde zerfallen,
wenn meine Funken Bilder malen
und weit oben am Himmel strahlen.
Dieses leuchtende Kunterbunt machte alle Augen staunend rund.
Die Fröhlichkeit würde fliegen durch die Luft,
so dass alles Unheil ganz verpufft.
So würde ich dir dann Freude schenken
und alle Glücke zu dir lenken.

NEUE CHANCE

Jeder Tag ist eine neue Chance,
die Schönheit des Lebens zu erkennen
und alle Traurigkeiten zu verbrennen.
Komm, lass uns fliegen lernen,
die Weite des Himmels spürn,
hinter den geschlossenen Türn.
So wird das Leben tanzend gelacht
und im Herzen schön gemacht.
Deshalb denke stets daran,
im Außen kann es immer nur so schön sein,
wie es einst im Inneren begann.

WUNDER DIESER WELT

Ich seh die Wunder dieser Welt,
die Wälder, Wiesen, Berge und Meere,
die ich alle sehr verehre.
Ich bin froh, ein Teil zu sein
im strahlenden Sommer-Sonnenschein.
Ich seh den Glitzer im Wasser
und das Schimmern in der Luft.
Hör, wie leise jemand meinen Namen ruft.
So bin ich froh, dabei zu sein,
und hier auf Erden daheim.

NICHTS MEHR TREIBT

Für dieses Gefühl würde ich zum Mond fliegen
und Meere durchtauchen,
denn ohne dieses Gefühl in mir,
bin ich für Nichts zu gebrauchen.
Ich spreche von der Dankbarkeit,
die von nun an immer bei mir bleibt,
da mich endlich nichts mehr treibt.

SEGEN

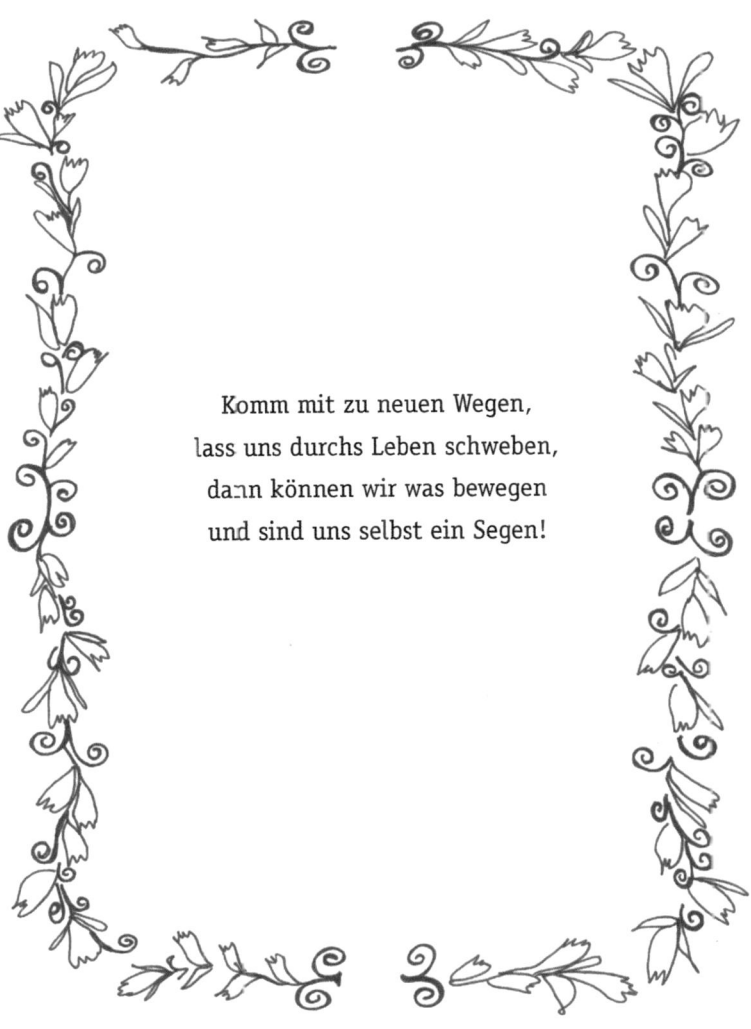

Komm mit zu neuen Wegen,
lass uns durchs Leben schweben,
dann können wir was bewegen
und sind uns selbst ein Segen!

ÜBERFLIESSENDE WUNDER

Die Sonne strahlt,
keiner hat dafür bezahlt.
Jeder Moment ist ein Geschenk,
so lasst uns unsere Zeit genießen,
alle Sorgen stets erschießen,
bis die Wunder überfließen.

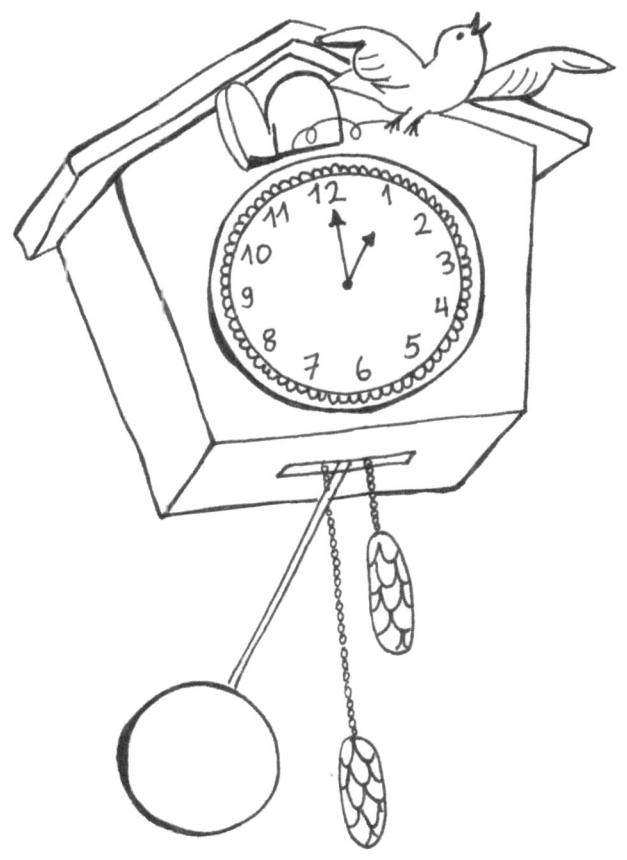

ERKENNTNISSE DES VIERTEN STREICHS ...

MACHE Dir die Welt, wie sie Dir gefällt.

Sei dankbar für das, was ist, und dankbar für alle die Wünsche, die für Dich bereits in Erfüllung gegangen sind. Bringe Deine neue Dankbarkeit hier zu Papier, dann gehört sie für immer Dir!

. . . .
. . . .
. . . .
. . . .
. . . .
. . . .
. . . .
. . . .
. . . .
. . . .
. . . .
. . . .
. . . .
. . . .
. . . .
. . . .
. . . .

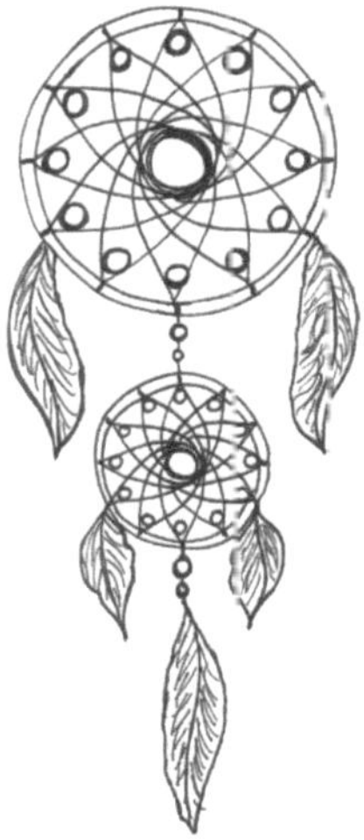

SCHLUSSHOFFNUNG

Ich hoffe,
dass die Dankbarkeit Dein neuer Lebensbegleiter
geworden ist und
Du alles mit dem Gefühl der wunderschönen
Dankbarkeitsfreude ausleuchten kannst.
Denn denk immer daran,
wie im Innen so im Außen.
So wie es in Deinem kleinen Herzen innerlich strahlt,
wird es von der großen weiten Welt reflektiert
und zu dir zurückkommen.
Ich wünsche Dir Dankbarkeitsfunken,
die zum Feuerwerk werden.
Bis bald,
irgendwo im Chaos meiner Kreativität ...